Otto-Gustav Schaser

Konfliktcoaching in Organisationen

Otto-Gustav Schaser

Konfliktcoaching in Organisationen

Coaching als Instrument des Konflikt-Management-Systems

Trainerverlag

Imprint
Any brand names and product names mentioned in this book are subject to trademark, brand or patent protection and are trademarks or registered trademarks of their respective holders. The use of brand names, product names, common names, trade names, product descriptions etc. even without a particular marking in this work is in no way to be construed to mean that such names may be regarded as unrestricted in respect of trademark and brand protection legislation and could thus be used by anyone.

Cover image: www.ingimage.com

Publisher:
Der Trainerverlag
is a trademark of
Dodo Books Indian Ocean Ltd. and OmniScriptum S.R.L publishing group

120 High Road, East Finchley, London, N2 9ED, United Kingdom
Str. Armeneasca 28/1, office 1, Chisinau MD-2012, Republic of Moldova, Europe
Managing Directors: Ieva Konstantinova, Victoria Ursu
info@omniscriptum.com

Printed at: see last page
ISBN: 978-3-8417-5032-7

Konfliktcoaching in Organisationen

von

Otto G. Schaser

Hausarbeit im Rahmen der Ausbildung zum

Business Coach (IHK) 2011

Jenseits aller Vorstellung
von Wahr und Falsch
liegt ein Garten,
dort können wir uns begegnen...
Dschalal ad-Din ar-Rumi

Zusammenfassung

Die vorliegende Arbeit beschäftigt sich mit dem Thema Konfliktcoaching in Organisationen.
Sie zeigt die Notwendigkeit auf, sich mit dem Thema Konfliktlösung durch aktives Management sowohl prophylaktisch als auch lösungsorientiert zu beschäftigen.
Sie behandelt zunächst vertiefend die konflikttheoretischen Grundlagen und beschreibt dann die Strukturen der verschiedenen Organisationen.
Die Arbeit zeigt die unterschiedlichen Konfliktpotentiale in den Organisationen auf und wendet sich dann dem eigentlichen Konfliktcoaching zu.
Es werden Möglichkeiten eines Coachings bei Konflikten von der Prävention über die Konfliktbehandlung hin zu Konfliktstimulation behandelt.
Das Ergebnis der Arbeit ist die Feststellung, das Coaching als konfliktpräventive Maßnahme und zur Konfliktstimulation, z.B. zur Überwindung starrer Routinen, bestens geeignet ist.
Coaching zur Konfliktlösung ist nur bedingt einsetzbar.
Die Konflikteskalation muss unbedingt berücksichtigt werden und ab einem gewissen Eskalationsgrad sind ohnehin andere Lösungsmodelle besser geeignet.
Das Verständnis einer Konfliktbearbeitung muss in den Organisationen erst geweckt werden.
Eine diesbezügliche Pionierarbeit ist damit unerlässlich.
Die Handlungsnotwendigkeit muss in die Unternehmen hineingetragen werden.
Grundlage der Gespräche können Gedanken und Visionen der Implementierung eines Konfliktmanagementsystems in den Organisationen sein.

Einleitung

Der Begriff „Konflikt" begleitet uns im Alltag und ist ein gängiger Begriff unseres Sprachgebrauchs geworden.

Die Medien berichten tagtäglich über Konflikte, sei es über völkerrechtliche Konflikte oder Konflikte zwischen Organisationen (Firmen, Gesellschaften).

Auch im persönlichen Bereich gehören Konflikte zu unserem täglichen Leben. Wir müssen nur an die vielfältigen Beziehungskonflikte, Nachbarschaftskonflikte oder Arbeitskonflikte denken, die sich im Laufe des Lebens ergeben können.

Konflikte im beruflichen Kontext haben jedoch eine besondere Bedeutung.

Einen großen Teil ihres Lebens verbringen Menschen in der Arbeitswelt zu. In ihren Organisationen sind sie eingebunden in vielfältige Prozesse und Vorgänge. Dieses Zusammenspiel von Organisation und Mensch ist hoch komplex und auf vielfache Weise störanfällig.

Verstärkt wird diese Störungsanfälligkeit durch weitere Faktoren wie die Flexibilisierung des Arbeitsmarktes auf Grund der Globalisierung der Märkte. Im Zuge dieser Globalisierung wird der Konkurrenzdruck erhöht, die Anforderungen an den Einzelnen wachsen und die damit einhergehenden kontinuierlichen Veränderungsprozesse stellen hohe Ansprüche an die Anpassungsfähigkeit der Mitarbeiter.

Hinzu kommt die Verunsicherung der Menschen durch den aktuellen Wertewandel. Loyalität, Gewissenhaftigkeit, Firmentreue sowie langjährige Firmenzugehörigkeit und entsprechende Berufserfahrung sind heute kein Garant mehr für Arbeitsplatzsicherheit.

Durch Firmenfusionen und Firmenübernahmen in der Wirtschaft, sind Arbeitsplätze auf einem ständigen Prüfstand und Rationalisierungsprozesse gehören mittlerweile zum Alltag.

Die Ökonomisierung im Bildungs- Sozial- und Gesundheitswesen führen ebenfalls zu einer Umorientierung im Denken und Handeln und ist gleichermaßen ursächlich für Konflikte, mit denen jeder Einzelne tagtäglich konfrontiert wird und mit denen er umgehen muss.

Alle diese Störungen, die als Konflikte wahrgenommen werden, beeinträchtigen das reibungslose Funktionieren in einer Organisation erheblich. Die ungelösten Konflikte, welche die Menschen belasten, haben erheblichen Einfluss auf das Befinden und die Leistung der Mitarbeiter.
Der externe Beratungsbedarf ist deshalb hier besonders hoch.

Fragestellung und Ziel der Arbeit

Die Fragestellung und das Ziel der Hausarbeit, ist die Herausarbeitung von geeigneten Konzepten und Methoden im Business-Coaching sowohl in der Prävention als auch im Bearbeiten von Konflikten in Organisationen.
Die Hausarbeit soll Möglichkeiten aufzeigen, als Business-Coach, den Menschen mit Managementaufgaben, entscheidende beratende Unterstützung zu leisten, um einerseits Konflikte erst gar nicht entstehen zu lassen, andererseits Konflikt-Lösungen zu erarbeiten oder sogar gezielt Konflikte zu provozieren, um aus festgefahrenen Bahnen auszubrechen.

Dabei richtet sich die Arbeit zunächst an Business-Coaches, die Personen mit Managementaufgeben beraten, welche direkt in Konflikte involviert sind und diese Konflikte als störend und beeinträchtigend empfinden und hier eine Lösungsunterstützung brauchen.

Der andere Aspekt betrifft die Unterstützung von Führungskräften, die Unsicherheiten im Umgang mit Konflikten in ihrer Abteilung haben, Lösungsoptionen entwickeln möchten oder schlicht Beratung in der Implementierung einer gesunden Streitkultur in der Organisation brauchen.

Kosten eines Konfliktes, Definitionen und Konflikttheorie

Es stellt sich nun die Frage nach der Konfliktbearbeitung durch einen Business-Coach.
In Organisationen sind Arbeitgeber und Arbeitnehmer langfristig aufeinander angewiesen. Es ist somit eine besondere bilaterale Beziehung vorhanden, die sorgfältig gepflegt werden will und muss.
Sehr vereinfacht dargestellt, haben wir es einerseits mit der Organisation zu tun, deren Zweck der Selbsterhalt ist. Dieses kann auf vielfache Weise geschehen, unter anderem durch Steigerung des Gewinns, Innovationen, Optimierung oder Kosteneinsparungen.
Andererseits haben wir es mit Menschen zu tun, die den Organisationen Ihre Arbeitskraft anbieten, um ihre materielle Existenzgrundlage abzusichern, Befriedigung und Erfüllung aus ihrer Tätigkeit zu ziehen, sich weiter zu entwickeln und nicht zuletzt um genügend Zeit und Raum zu schaffen um Ihre Lebensziele zu verwirklichen.

Der Idealfall ist ein optimales Gleichgewicht zwischen den Bedürfnissen der Organisation und der Mitarbeiter.

Eine Störung dieses Gleichgewichts, deren Ursache sowohl aus der Organisation heraus als auch aus den privaten Beziehungen der Mitarbeiter stammen kann, führt zwangsweise zu negativen Auswirkungen, ja sogar zu einer Dysfunktion an der Schnittstelle Mensch und Organisation.

Die Notwendigkeit der Bearbeitung eines Konfliktes aus Sicht der Organisationen, wird erst erkannt, wenn belastbare Zahlen über die Kosten eines Konfliktes vorgelegt werden.

Das Bearbeiten oder in diesem Falle Coaching einer Person mit Managementaufgaben, wird in der Regel von den Organisationen bezahlt.

Es wird somit eine schlichte Kosten-Nutzen Rechnung aufgestellt.

Das Hauptproblem ist hierbei, diese Konfliktschäden bzw. Konfliktfolgen angemessen zu erfassen.

Wenn ein Streit in einer Organisation ausbricht, entstehen keine direkten Ausgaben. Kosten entstehen durch deren Folge.

Im Falle einer Eskalation wird wertvolle Arbeitszeit vergeudet oder geht verloren. Es entstehen zusätzliche nicht kalkulierbare Kosten durch konfliktbedingte Fehlleistungen, Leistungsabfall oder Leistungsverweigerung.

Firmen verlieren Umsätze durch entgangene Aufträge und können unter Umständen ihre Konkurrenzfähigkeit einbüßen.

Wird nicht rechtzeitig eingegriffen, kann diese Situation unter Umständen sogar die Existenz eines Unternehmens bedrohen.

Eine Untersuchung belegt diese These in recht anschaulicher Weise:

Zusammen mit dem Lehrstuhl Controlling der Hochschule Regensburg und dem Kompetenzzentrum Konfliktmanagement der Fachhochschule Bern hat KPMG 2009 eine Studie zum Thema „Konfliktkostenstudie – Die Kosten von Reibungsverlusten in Industrieunternehmen“ veröffentlicht[1].

Gemäß dieser Studie entstehen signifikant hohe Kosten durch entgangene Aufträge, unbesetzte Stellen und Probleme bei der Projektarbeit.

Rund 50 Prozent der Befragten - welche die Konfliktkosten im Hinblick auf die Probleme bei der Projektarbeit beziffern können - nennen Verluste von jährlich mehr als 50.000 EUR.

---

[1] Studie KPMG 2009 im Internet: www.kpmg.de/Presse / pdf-Download, 25.08.2011

Verluste in dieser Größenordnung geben zudem 45 Prozent der Befragten im Hinblick auf entgangene Aufträge und etwa 40 Prozent in Bezug auf offene Stellen an.

Weitere nicht in einem sachlogischen Zusammenhang stehende Ergebnisse zeigen, dass umfangreiche Einsparpotenziale vorhanden sind:

- 10 bis 15 % der Arbeitszeit in jedem Unternehmen werden für Konfliktbewältigung verbraucht.
- 30 bis 50 % der wöchentlichen Arbeitszeit von Führungskräften werden direkt oder indirekt mit Reibungsverlusten, Konflikten oder Konfliktfolgen verbracht.
- Fehlzeiten aufgrund betrieblicher Ängste und Mobbing am Arbeitsplatz belasten Unternehmen jährlich mit ca. 30 Mrd. EUR.
- Die Kosten pro Mobbing-Fall betragen im Durchschnitt 60.000 EUR.
- Fluktuationskosten, Abfindungszahlungen, Gesundheitskosten aufgrund innerbetrieblicher Konflikte belasten Unternehmen jährlich mit mehreren Mrd. EUR.
- Das Reduktionspotenzial bei Konfliktkosten beträgt zwischen 10 und 30 %, durchschnittlich 19 %.
- 1 % der Mitarbeiterkosten - per annum - gehen für unverarbeitete Konflikte verloren.
- Ca. 25 % des Umsatzes hängt von der Kommunikationsqualität ab[2].

Die Studie belegt eindeutig die hohe Relevanz einer kompetenten Konfliktprävention einerseits und einer professionellen Konfliktlösung andererseits.
Aus humanitärer Sicht ist die Bearbeitung von Konflikten dem Respekt und der Würde des Menschen als autonomes, einzigartiges und kreatives Individuum geschuldet.

---

[2] Studie KPMG 2009 im Internet: www.kpmg.de/Presse / pdf-Download, 25.08.2011

Im Folgenden soll die Frage geklärt werden, wie die Führungsperson neben ihren strategischen und operativen Aufgaben, auch die Konfliktbehandlung bewältigen kann.
Den komplexen unternehmerischen Ansprüchen an eine Führungskraft auf der einen Seite, stehen Zeitdruck und Verunsicherungen im konstruktiven Umgang mit Unvereinbarkeiten am Arbeitsplatz auf der anderen Seite entgegen.
Hier bietet sich ein geeigneter Einsatzbereich für einen Business-Coach.
Durch die Begleitung des Coachs arbeitet sich die Führungskraft in die konstruktive Streitkultur ein und entscheidet lösungsorientiert, ob und wie er einen Konflikt managt.
Das Konfliktcoaching fokussiert bei der Führungskraft auf unterstützende Maßnahmen zur Verbesserung der Wahrnehmungs- und Handlungsfähigkeit im Umgang mit Konflikten.
Der Coach fördert und unterstützt die Selbstreflexion seines Klienten, dessen Selbstmanagement und hilft das Konfliktverständnis und die Konfliktfähigkeit zu verbessern.
Dieses ist ein dynamischer und produktiver Prozess, in welchem die Führungskraft kreative und konstruktive Ideen zur Beilegung des Konfliktes entwickelt. Er lernt einen Konflikt als Chance zur Veränderung zu begreifen und aus dieser Perspektive heraus Lösungen zu erarbeiten.

Im Folgenden möchte ich zunächst den Begriff „Business-Coaching“ und den konflikttheoretischen Rahmen mit seinen relevanten Grundbegriffen erläutern.

Was ist Business-Coaching

Das englische Wort „Coach“ stammt seiner Wortherkunft nach aus einem kleinen Ort in Ungarn und zwar von einem Dorf namens Kocs.

Dort wurden im 15. Jahrhundert gefederte Pferdefuhrwerke hergestellt welche „Kocsi szekér“ oder „die Wagen aus „kocs“ genannt wurden.
Dieser Ausdruck verwandelte sich dann in die Kurzform „Kocsi“ und wurde im deutschen Sprachraum zu „Kutsche“ und im Englischen zu „Coach“.
Der „Coachman“ oder „Coach“ ist demnach der Kutscher, der die Aufgabe hat, die Kutsche schnell und sicher an das Ziel zu bringen.
Der Begriff „Coaching“ ist seit den 60er-Jahren des 20. Jahrhunderts vornehmlich aus dem sportlichen Zusammenhang bekannt. Hier besteht die Funktion des Coachs in der emotionalen und fachlichen Vorbereitung des Sportlers auf bevorstehende Leistungssituationen[3].

Coaching ist heute seiner Funktion nach „eine innovative Maßnahme der Personalentwicklung“ und dient im beruflichen Kontext „als Dialogform über Freud und Leid im Beruf“[4].

Business-Coaching ist die individuelle Beratung, Begleitung und Unterstützung von gesunden Personen mit Führungs- und Steuerungsfunktionen in Organisationen.
Es ist auch die Beratung von Selbständigen und Experten. Hierbei geht es um die auftrags- und zielgebundene Entfaltung individueller, mentaler und sozialer Schlüsselkompetenzen und konkreter Strategien zur Erfolgsverbesserung[5].

Die hieraus abgeleiteten Anlässe[6] eines Business-Coachings können sehr vielfältig sein und reichen von individuellen Krisen wie Eintritt in eine neue Organisation, erstmalige Übernahme einer Führungsposition, Jobstress oder Burnout bis hin zu kollektiven Krisen verursacht durch Firmenfusionen, Firmenübernahmen, Marktverän-

---

[3] A. Schreyögg, Konfliktcoaching, 2002, S 19
[4] A. Schreyögg, Konfliktcoaching, 2002, S 20
[5] B.Migge, Business-Coaching, 1. Auflage 2011, S. 10
[6] A. Schreyögg, Konfliktcoaching, 2002, S 34

derungen, Modifikationen von Finanzstrategien etc., die in der Regel als starke soziale Konflikte erlebt werden.

In den folgenden beiden Abbildungen sind die verschiedenen Anlässe des Business-Coaching nach ihrer Gewichtung graphisch ersichtlich.

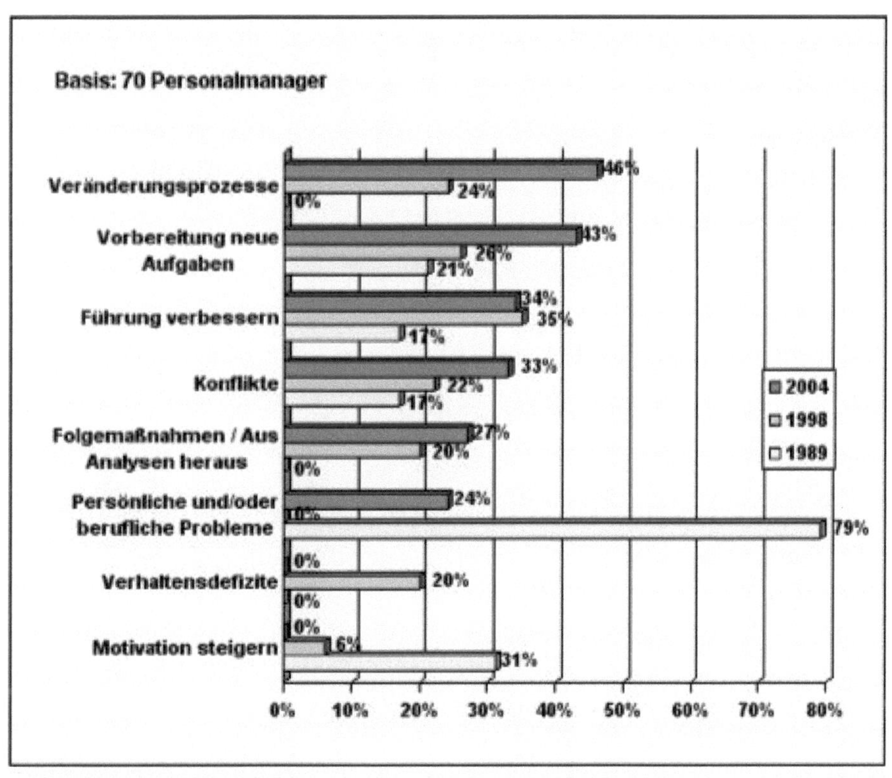

Anlässe für ein Coaching

Quelle: Böning in Ch. Rauen (Hrsg.). (2005). Handbuch Coaching. Göttingen: Hogrefe.

Abbildung 1 : Anlässe für ein Coaching, Quelle Böning in Ch. Rauen, Handbuch Coaching

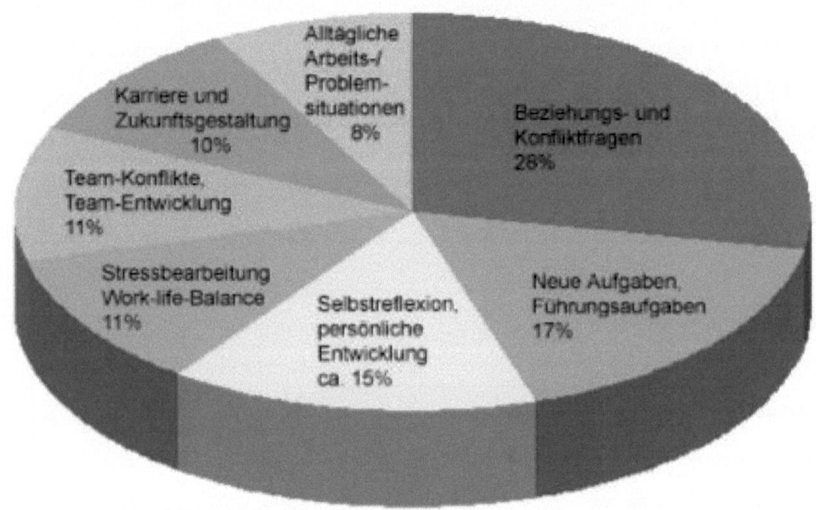

Themen von Coaching-Klienten

Quelle: 4. Trigon Coaching Befragung 2007 (Dr. Werner Vogelauer) (N>250)

Abbildung 2: Themen von Coaching-Klienten, Quelle 4. Trigon Coaching Befragung 2007, Dr. Werner Vogelauer

Zum besseren Verständnis und der Vollständigkeit wegen möchte ich nachfolgend eine Aufzählung ähnlicher Beratungsformen vornehmen.

Personal-Coaching:

Im Personal-Coaching geht es vorwiegend um private Anliegen, biographische Themen und Lebenszielplanung.

Psychotherapie:

Business-Coaching ist die Beratung von gesunden Personen vorwiegend in beruflichen Themen, während in der Psychotherapie die Behandlung krankhafter Störungen und Leiden erfolgt[7].

Mentoring[8]:

Mentoring ist die „Patenschaft" zwischen einem jungen bzw. neu in eine Organisation hinzugekommenen Mitarbeiter und einer erfahrenen Führungskraft.

Training[9]:

Training dient dem gezielten Auf- und Ausbau bestimmter Verhaltensweisen und im Vordergrund steht meist das Erlernen eines Ablaufmusters für eine bestimmte Situation.

Supervision[10]:

Supervision ist die berufliche Beratung von Therapeuten, Beziehungsberater, Gruppen und Teams mit dem Ziel erhöhter Selbstreflexion und verbesserten beruflichen Handelns.

Konflikt

Definition

Das Wort *Konflikt* stammt von dem lateinischen Wort *„confligere"* ab und bedeutet zusammentreffen, zusammenprallen, kämpfen.

---

[7] B.Migge, Business-Coaching, 1. Auflage 2011, S. 13
[8] C.Rauen, Coaching, 2. Auflage, 2008, S:9
[9] C.Rauen, Coaching, 2. Auflage, 2008, S:13
[10] B.Migge, Handbuch Coaching und Beratung, 2. Auflage 2007, S. 25

Der D u d e n „Das Fremdwörterbuch“ definiert Konflikt[11] (lat.: „Zusammenstoß“) als: Auseinandersetzung zwischen Staaten (bewaffnet, militärisch), Streit, Zerwürfnis, Widerstreit der Motive, Zwiespalt.
In der Psychologie bzw. in den Sozialwissenschaften allgemein spricht man dann von einem Konflikt, wenn zwei - meist soziale - Elemente gleichzeitig gegensätzlich oder unvereinbar sind.

Ein Konflikt ist möglich innerhalb und zwischen Personen (intra- und interpersonell), innerhalb und zwischen Gruppen, Unternehmen und Organisationen, innerhalb und zwischen Gesellschaften und Staaten sowie zwischen einzelnen Personen und diesen Zusammenschlüssen.

Den intrapersonellen Konflikt trägt eine Person mit sich selbst aus. Dabei stellt man an sich Anforderungen, unter deren Erfüllung man auf Dauer, aufgrund der miteinander unvereinbaren und konkurrierenden Ziele, leidet.

Einen Konflikt zwischen Personen bezeichnet man als interpersonellen Konflikt und dieser ist die Basis für den so genannten *sozialen Konflikt*[12], um den es in dieser Arbeit geht.

In der Fachliteratur gibt es eine große Bandbreite unterschiedlicher Konfliktdefinitionen. Die Definitionen unterscheiden sich durch die Vielfalt der Aspekte sowie durch ihre Weite und Schärfe.
Einer der bekanntesten deutschsprachigen Experten im Bereich des Konfliktmanagements Friedrich Glasl hat eine eigene - prägnant eingrenzende - Definition sozialer Konflikte durch Synthese verschiedener Definitionen erstellt:

---

[11] Duden, Fremdwörterbuch, Band 5, 2001, S. 530

[12] Es gilt für die gesamte Arbeit: Konflikt= sozialer Konflikt

„Sozialer Konflikt ist eine Interaktion[13] *zwischen Aktoren (Individuen, Gruppen, Organisationen u.s.w.) wobei wenigstens ein Aktor eine Differenz bzw. Unvereinbarkeit im Wahrnehmen und im Denken bzw. Vorstellen und im Fühlen und im Wollen mit dem anderen Aktor (den anderen Aktoren) in der Art erlebt, dass beim Verwirklichen dessen, was der Aktor denkt, fühlt oder will, eine Beeinträchtigung durch den anderen Aktor (die anderen Aktoren) erfolgt"*[14]

Nach dieser Definition - sie ist auch Grundlage meiner Ausführungen - müssen einige wichtige Grundvoraussetzungen erfüllt sein, um von einem Konflikt zu sprechen: Die Konfliktbeteiligten müssen sich ihrer konträren Positionen bewusst sein und sie müssen interagieren.
Ohne die Realisierung und das Erleben der Beeinträchtigung (Behinderung, Widerstand, Abwehr oder Angriff) seitens mindestens einer Partei, kann von einem sozialen Konflikt nicht gesprochen werden.

Konfliktarten

Als nächstes müssen wir die Vielfältigkeit der Konflikte kennen und erkennen lernen um die Art der Konflikte besser zu verstehen. Es gibt unterschiedliche Ansätze der Konflikttypisierung, die aus Sicht der verschiedenen wissenschaftlichen Disziplinen angegangen werden.
Ich werde mich im Nachfolgenden nur auf die Einteilungen beziehen die für die organisationsinternen Konflikte von Interesse sind.
Friedrich Glasl unterscheidet die Konflikte unter anderem nach folgenden Gesichtspunkten: Konfliktrahmen und der dominanten Äußerungsform des Konfliktes.

---

[13] Schulz von Thun, Friedemann,47.Auflage 2009, S.82 → Interaktion ist die Reaktion des Empfängers auf die Botschaft des Senders
[14] Glasl, Friedrich, Konfliktmanagement, 8. Auflage 2004, S. 17

Konfliktrahmen

Glasl kategorisiert hier die Konflikte nach dem sozialen Rahmen in dem sie sich abspielen (Konflikt-Arena) und unterscheidet folgende Bereiche[15]:

- *mikro-sozialen Rahmen*: Hier entwickeln sich die Konflikte zwischen Einzelpersonen oder kleinen Gruppen. Es handelt sich um einen erfassbaren Rahmen, in dem direkte Kontakte und direkte Kommunikation möglich sind.
- *meso-sozialen Rahmen*: Die Konflikte bewegen sich im sozialen Gebilde der mittleren Größenordnung und eine direkte Interaktion ist auf Grund der Größe und der Vielzahl der Konfliktbeteiligten nicht mehr realisierbar. Es bilden sich Gruppensprecher, die untereinander verhandeln.
- *makro-sozialen Rahmen*: Die Kompliziertheit der Konflikte ergibt sich auf Grund seiner Vielschichtigkeit und weit verzweigten Umgebung. Er kann auftreten zwischen Organisationen und Interessengruppen. Die Anzahl der direkt und indirekt Beteiligten ist sehr hoch. Die Kommunikation erfolgt indirekt über Parteienvertreter.

Die Äußerungsform des Konfliktes

Besonders interessant finde ich hier die Betrachtung des sozialen Klimas der Interaktion zwischen den Konfliktparteien. Jede Konfliktpartei hat einen eigenen Verhaltensstil. Wenn Konfrontationen länger dauern und eskalieren, kann sich in der Interaktion der Konfliktparteien ein gemeinsamer Verhaltensstil einstellen. Hier lassen

---

[15] Glasl, Konfliktmanagement, 8. Auflage 2004, S. 68

sich dabei zwei markant unterschiedliche Formen der Konfliktaustragung unterscheiden[16]:

- *Heiße Konflikte* gehen mit einer starken emotionalen Beteiligung einher.
- *Kalte Konflikte* sind genauso destruktiv wie heiße Konflikte. Den Beteiligten fehlt allerdings das Feuer der Begeisterung. Sie sind gekennzeichnet von tiefer Enttäuschung, weitgehender Desillusionierung und Frustration. Die gemeinsame Kommunikation stagniert oder findet nicht mehr statt.

Einteilung nach Streitgegenständen

Diese Typisierung des Konfliktes ist sowohl theoretisch als auch praktisch bedeutend für die Konfliktanalyse und die Konfliktkontrolle. Den darin enthaltenen Handlungsaspekten können spezifische Konfliktgründe zugeordnet werden[17].

- *Ziel-Konflikt:* Dieser Bewertungskonflikt basiert auf den differierenden Zielen und Wertvorstellungen von Menschen bzw. sozialen Gruppen.
- *Mittel - bzw. Wege - Konflikt*: Bei diesem Beurteilungskonflikt werden die Wege zu einem Ziel unterschiedlich bewertet. Das Ziel ist oftmals identisch.
- *Verteilungs-Konflikt*: Er tritt auf, wenn Menschen, bzw. soziale Gruppen unterschiedlich an erstrebenswerten Gütern partizipieren und dadurch Neid und Benachteiligungen hervorgerufen werden.
- *Rollenkonflikt*: Ein solcher Beziehungs-Konflikt liegt vor, wenn sich die Erwartungen an eine Person widersprechen oder überlagern. Innerhalb dieses Konfliktes gibt es mehrere Varianten:

---

[16] Glasl, Konfliktmanagement, 8. Auflage 2004, S. 77

[17] G.Altmann; H.Fiebiger, R.Müller, Konfliktmanagement für moderne Unternemen1999, S. 31

- Eine Person wird in ihrer Rolle nicht anerkannt,
- eine Position im Unternehmen ist neu zu besetzen und mindestens zwei Personen kämpfen darum,
- eine Person kann sich mit der Rolle nicht abfinden, welche Sie zu besetzen hat.

Einteilung nach Ursachen

Nachfolgend eine Typisierung nach Ursachen mit einer hohen Relevanz in innerbetrieblichen Konflikten[18]:

- *Sachverhalts-Konflikte* werden verursacht durch mangelnde oder falsche Informationen oder verschieden Interpretationen.
- *Interessen-Konflikte* entstehen auf Grund von unterschiedlichen Zielen und den damit verbundenen Konkurrenz.
- *Beziehungs-Konflikte* entwickeln sich durch Fehlwahrnehmungen, Bildung von stereotyper und mangelnder Kommunikation unter dem Einfluss starker Gefühle.
- *Werte-Konflikte* treten auf im Zusammenhang mit voneinander abweichenden Wertevorstellung.
- *Struktur-Konflikte* werden hervorgerufen durch Strukturmissstände wie etwa der ungleichen Verteilung von Macht, Geld oder Ressourcen.

Es erweist sich in der Praxis als äußerst schwierig, einen Konflikt nur einem einzigen Ursachentyp zuzuordnen. In seiner Komplexität kann er zugleich Interessen-, Beziehungs- und Wertekonflikt sein. Für die Behandlung des Konfliktes ist es allerdings wichtig, welcher Typ primär auftritt.

---

[18] C. Besemer, Mediation 2009, S. 35

Eskalationsstufen

Um die Dynamik eines Konfliktes zu verstehen und seine Entwicklung nachvollziehen zu können, hat Friedrich Glasl ein Phasenmodell der Konfliktsteigerung entwickelt, das die einzelnen Eskalationsstufen eines Konfliktes darstellen[19].

Sinnigerweise stellt er seinen Eskalationsprozess als eine Abwärtsbewegung dar. Über nach unten führenden 9 Stufen - oder versinnbildlicht durch eine Rutschbahn - können wir den unheilvollen Verlauf der einzelnen Stationen nachvollziehen.

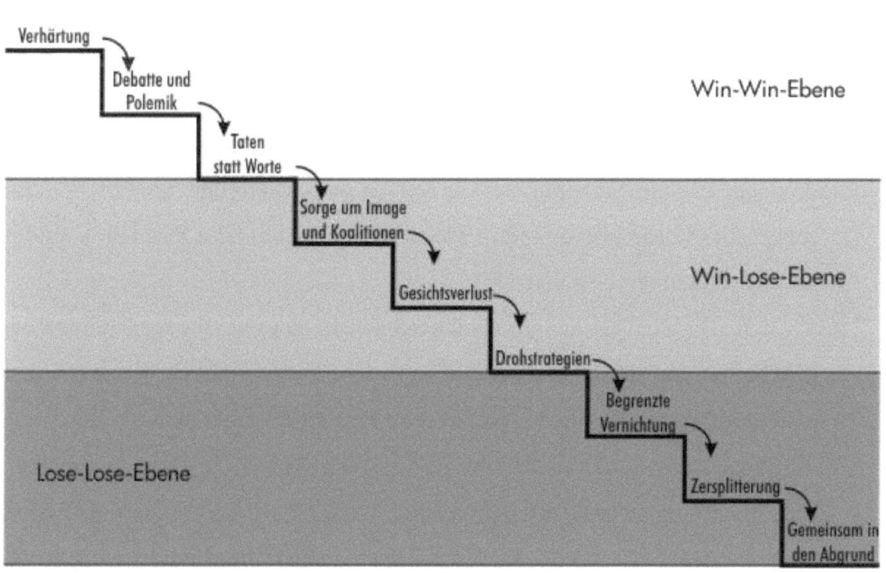

Abbildung 3: Eskalationsstufen nach F.Glasl

Erläuterung der einzelnen Eskalationsstufen:

1. *Verhärtung:* Es wird kälter. Spannungen und Reibungen treten auf. Standpunkte verhärten sich und prallen aufeinander. Die beteiligten Personen

[19] Glasl, Konfliktmanagement, 8. Auflage 2004, S. 236

sind sich der Spannung bewusst, jedoch zu direkten Verhandlungsgesprächen bereit, da sich noch keine festen Lager gebildet haben.

2. *Debatte, Polemik:* Verbales Pingpong. Polarisation im Denken, Wollen und Fühlen. Die Konfliktparteien vertreten ihre Positionen nun deutlicher und nehmen offene Konfrontation in Kauf.
3. *Taten statt Worte:* Ab jetzt wird gehandelt. Taten stehen im Mittelpunkt der Auseinandersetzungen. Worte erscheinen nicht mehr als ausreichendes Mittel. Die Parteien misstrauen sich. Das soziale Klima ist durch Reizbarkeit und Konkurrenz geprägt. Die Empathie ist verloren gegangen. Das nonverbale Verhalten führt zu Fehlinterpretationen.
4. *Images, Koalitionen:* Gemeinsam bin ich stärker. Die Betroffenen versuchen durch Gruppenbildung die eigene Vorstellung besser durchsetzen zu können. Eigene Standpunkte werden pauschalisiert und Stereotypen erzeugt. Im Vordergrund steht nicht mehr das eigentliche Problem sondern das Verhalten der Gegenseite.
5. *Gesichtsverlust:* Der andere ist der Schuft! Es kommt zu gegenseitigen öffentlichen und direkten Angriffen mit dem Zweck des Gesichtsverlustes des Gegners. Die Parteien versuchen sich gegenseitig zu demaskieren.
6. *Drohstrategien*: Wer nicht hören will muss fühlen! Drohungen und Gegendrohungen werden ausgesprochen. Durch das Drohverhalten verschärft sich der Konflikt massiv. Die Beteiligten stehen unter hohem Druck und Stress.
7. *Begrenzte Vernichtungsschläge:* Dem zeige ich es jetzt! In diesem Stadium haben die Parteien nur noch die weitgehende Vernichtung des Gegners vor Augen. Die Konfliktaustragung wird von Zerstörungswut und Machtgefühl dominiert.
8. *Zersplitterung:* Die Vernichtungsaktionen werden heftiger. Macht und Existenzgrundlage des Gegners soll zerstört werden. Das Verhalten der Parteien ist destruktiv.

9. *Gemeinsam in den Abgrund:* Die totale Konfrontation ist erreicht. Es gibt keinen Weg mehr zurück. Die eigene Existenzgrundlage wird mit aufs Spiel gesetzt. Das einzige Bestreben ist der Untergang des Feindes auch wenn das die eigene Vernichtung zur Folge hat.

In den Stufen eins bis drei ist eine Vermittlung von außen noch nicht erforderlich. Es herrscht noch eine „win-win“ Situation vor. Die Parteien sind der Überzeugung den Konflikt gemeinsam lösen zu können.
In Stufen vier bis sechs herrscht eine „win-lose“ Situation vor. Die Parteien glauben nicht mehr an eine Lösungsfindung. Es geht nur noch um Sieg oder Niederlage. Der Konflikt kann nur durch Vermittlung bearbeitet werden.
Die Stufen sieben bis neun sind durch eine „lose-lose“ Situation gekennzeichnet. Es gibt keinen Gewinner mehr. Das eigentliche Problem rückt in den Hintergrund. Eine dritte Partei kann nicht mehr vermitteln. Der Konflikt kann nur noch mit Macht beendet werden.

Grundtypen von Organisationen

Ein Coach sollte auch über Grundkenntnisse der Organisationstypen und deren konfliktspezifischen Hintergrund verfügen.
Aus soziologischer Sichtweise sind Organisationen soziale Gebilde, die auf einen bestimmten Zweck orientiert und planmäßig gestaltet sind.
Das wichtigste Merkmal einer jeden Organisation ist ihr Ziel.
Renate Mayntz[20] unterscheidet drei Typen von Organisationszielen die für die Struktur und die Funktionsweise von Organisationen entscheidend sind:

[20] R. Mayntz, Soziologie der Organisation, 1963, S.59

1. Der erste Ziel-Typ umfasst Organisationen, die Außenwirkung erzeugen und dabei das Zusammenleben der Menschen fördern und regeln sollen.
   Es sind dies die Behörden.
2. Der zweite Ziel-Typ umfasst Organisationen, deren Ziel darin besteht wirtschaftlich relevante Leistung zu erbringen.
   Es sind dies die Wirtschaftsunternehmen.
3. Diese dritte Zielgruppe umfasst Organisationen, deren Zielerreichung auf die Veränderung von Personen gerichtet ist. Dieses sind soziale Dienstleistungssysteme wie Schulen, Krankenhäuser oder psycho-soziale Beratungsstellen.

Konfliktpotenzial in Organisationen

Organisationen sind produktive soziale Systeme, in denen Menschen und Sachmittel zweckorientiert zusammenwirken. Es bestehen Beziehungen durch Kommunikations- und Leistungsstrukturen.
Konflikte in Organisationen, sind Störungen die sich innerhalb dieses sozialen Systems abspielen.
Für einen Business-Coach ist es besonders wichtig die Organisationsmuster zu kennen um das Konfliktpotential begreifen zu können.
Die drei grundlegenden Organisationstypen nach Renate Mayntz[21] weisen erhebliche Differenzen auf.
So folgen Mitarbeiter in Behörden vorgegebenen Regeln und vermeiden Risiken. Sie halten an ritualisierten und stereotypen Abläufen fest und halten Leitlinien wichtiger als neue Ideen.
Besonders klar erscheint die Besonderheit dieses Organisationstypus, wenn man die eindeutigen Merkmale kennt.

---

[21] A. Schreyögg, Konfliktcoaching, 2002, S 144

Max Weber hat diese Merkmale folgendermaßen charakterisiert[22]:

- Es besteht das Prinzip der festen, durch Regeln Gesetze oder Verwaltungsreglements geordneten behördlichen Kompetenzen
- Es besteht das Prinzip Amtshierarchie, d.h. ein geordnetes System von Unter- und Überordnung.
- Die Amtsführung beruht auf Schriftstücken, d.h. eine besondere Betonung der schriftlichen Kommunikation.
- Der reine bürokratische Beamte wird von einer übergeordneten Instanz ernannt.
- Es besteht Lebenslänglichkeit der Stellung
- Der Beamte bezieht festes Gehalt und Alters-Sicherung durch Pension.
- Die Entlohnung erfolgt nach Funktion und nicht nach Leistung.
- Der Beamte ist auf eine Laufbahnordnung eingestellt, die einen Aufstieg unabhängig vom Vorgesetzten ermöglicht.

Doch nun wird von allen ein neues Rollenverständnis gefordert. Um die offiziellen Ziele wie Bürgernähe und Kundenorientierung zu erreichen, müssen sie die klassischen Prinzipien und die über Jahrzehnte gewachsenen Routinen und Orientierung an formale Regeln überwinden.
Die Umsetzung wird von den inneren Widerständen gebremst. Diese inneren Widerstände bergen ein hohes Konfliktpotential.
Hier müssen die Führungskräfte als Leitbild dienen. Sie sollen, die neue Orientierung akzeptierend und die Herausforderung annehmend, versuchen die Widerstände der Mitarbeiter zu überwinden.
Der Business-Coach muss die Fachkraft u.a. hier zu mehr Konfliktmut animieren, ihn im Umgang mit Widerständen bei Innovationen vorbereiten und ihn in der klaren Zielformulierung und Zielverfolgung unterstützen.

---

[22] M. Weber, Wirtschaft und Gesellschaft, 1921, S 1046

In den Wirtschaftsunternehmen zeichnet sich ein grundlegender Wandel ab.

„ Der Niedergang der Arbeiterklasse erscheint harmlos im Vergleich zu dem Drama das die rund 18 Millionen Angestellten der Nation erfasst hat. Eliminiert, ersetzt oder ausgelagert werden jetzt nicht mehr die Muskeln der deutschen Wirtschaft, sondern ihr Hirn“ schreibt der bekannte deutsche Wirtschaftsjournalist Günter Ogger in seinem Buch „Die Abgestellten“[23]. In dessen Verlauf skizziert er die radikalen Konsequenzen durch die aktuelle Flexibilisierung des Arbeitsmarktes. Er zeigt auf, wie optimierte Betriebsabläufe, verschlankte Organisationsstrukturen und moderne Informationstechniken, die Arbeitsplätze und einen Großteil des mittleren Managements überflüssig macht.

Er beschreibt wie sich durch das Verschwinden von Stabilität und Zukunftsvertrauen, Sozialkonflikte abzeichnen.

Der lebenslange Arbeitsplatz gehört der Vergangenheit an und häufiger Firmenwechsel oder sogar Branchenwechsel wird keine Ausnahme bleiben. Arbeiten in einer globalisierten Welt heißt auch das Aufeinandertreffen von unterschiedlichen Temperamenten, Charakteren, Werten, Bildung, Wissen und Kulturen.

Soziale Konflikte bleiben da nicht aus.

Führungskräfte stehen nun vor neuen Herausforderungen.

Es ist der Balanceakt zwischen Maximalforderungen an Effektivität und Effizienz zur Erreichung der Ziele als fachlicher Experte einerseits und den Anforderungen an die Führungsqualitäten eines Managers andererseits, die Mitarbeiter als wichtigsten Aktivposten des Unternehmens zu behandeln, zu motivieren und zu führen.

Der Business-Coach soll in diesem Organisationstypus die Führungskraft unterstützen ihre sozialen Managerkompetenzen auszubauen und ihn bei der Realisierung eines präventiven Konfliktmanagements und der Implementierung einer funktionierenden Streitkultur zu beraten.

---

[23] G. Ogger, Die Abgestellten, Ein Nachruf auf den festen Arbeitsplatz, 2007, S 11

In sozialen Dienstleistungssystemen resultiert das Konfliktpotential aus den Anforderungen mit öffentlichen Ressourcen sparsamer umzugehen.
Die Notwendigkeit, wesentliche Entscheidungen mit übergeordneten Systemen abzustimmen, um die oft geforderten Leistungs- und Qualitätsnachweise zu erbringen, birgt beträchtliches Konfliktpotential.
Die Führungskräfte müssen lernen aus einem neuen Rollenverständnis heraus, als komplette Manager zu denken und zu handeln.
Hier besteht die Aufgabe des Business-Coachs die Führungskraft zu unterstützen ihre neue Rollendefinition als Manager zu entwickeln und sie beratend bei der Entwicklung einer gut funktionierenden Streitkultur zu begleiten.

Coaching bei Konflikten

Der Umgang mit Konflikten wird bestimmt von der Unternehmenskultur der einzelnen Organisation.
Der Begriff Konflikt ist leider immer noch negativ konnotiert und wird in vielen Organisationen ignoriert, verharmlost oder sogar verleugnet.
Als Lösungsmöglichkeiten werden in Organisationskonflikten aktuell oft Konflikte personalisiert. Es wir ein Schuldiger ausgemacht und zur Rechenschaft gezogen. Häufig werden Konflikte als Führungsschwäche angesehen und der Machteingriff seitens der formell Vorgesetzten, ist das vermeintlich einzige probate Mittel um mit Konflikten umzugehen. Sicher ist die Maßnahme ein Machtwort zu sprechen in einigen Fällen dienlich und schafft auch Klarheit. Doch sie missachtet das kreative und durchaus positive Veränderungs-Potential eines Konfliktes.
Das Thema Konflikte ist sehr komplex und multikausal.
Gefangen in der persönlichen Sichtweise des eigenen und beruflichen Bezugsrahmens, können geeignete Lösungsansätze für die Bewältigung der Konflikte von Führungskräften und Mitarbeitern oft nicht erkannt und gefunden werden.

Viele Führungskräfte wirken bei akuten Konflikten oft hektisch und agieren überstürzt. Beratende Unterstützung innerhalb der Organisation können - auch wenn sie noch so gut gemeint sind - lediglich aus einer Momentaufnahme heraus, eine Empfehlung für die Behandlung eines Symptoms gewährleisten.

Die Führungsperson bleibt letztendlich mit der Entscheidung über die weitere Vorgehensweise sich selbst überlassen. Eine fundierte und kontextuelle Ursachenbehandlung kann in solchen Situationen nur durch die Unterstützung eines neutralen und unvoreingenommenen Dritten - eines Business-Coachs - erfolgen.
Die Arbeit mit einem Business-Coach zahlt sich in besonderer Weise für die Organisation einerseits und die Führungskraft andererseits aus.
Dabei ist es nicht relevant, ob die Führungskraft einen persönlichen Konflikt hat oder ob sie in der Rolle als Vorgesetzter den reibungslosen Ablauf eines Systems zu verantworten hat.
Coaching mit seiner ressourcenbasierten, lösungs- und zielorientierten Begleitung zur Förderung von Selbstreflexion, Erleben und Verhalten, trägt zu einer wertvollen Unterstützung der Führungskraft bei.
Der Coach kann die Führungsperson einerseits vor unbedachten Handlungen bewahren, andererseits ermöglicht er der Führungskraft durch seine gezielten und strukturierten Fragen, eine differenzierte Sichtweise zu erhalten und sein eigentliches Anliegen zu formulieren.

Konfliktarbeit ist ein zentraler Bestandteil des Coachings und lässt sich somit ideal auch in Organisationen anwenden.
Hier ist Coaching eine sinnvolle Methode zur Prävention sowie Klärung und Stimulation von Konflikten in Organisationen.
Das Coachen bei Konflikten kann aus organisationsinterner Sicht aus der Perspektive der Kosten-Nutzen Relation argumentiert werden.

Jeder Konflikt stellt eine Beeinträchtigung der Abläufe im jeweiligen System dar. Diese Störungen können Ausmaße annehmen, die recht hohe Schäden z. B. durch Verzögerungen in den Prozessabläufen verursachen.
Sie können auch zu einer nachhaltigen Dysfunktion an der Schnittstelle Organisation und Mensch führen, die in einer kostspieligen Trennung münden kann.
Die zielorientierte Herangehensweise eines Business-Coachs schützt eine Organisation somit vor hohen Folgekosten durch seine lösungsorientierte Konfliktbearbeitung.
Der Coach kann dies allerdings nur in einem gewissen Rahmen der Konflikteskalation tun, der es realistisch ermöglicht seine beratende Unterstützung auch umzusetzen.
Diese Grenzen erkennen und auf alternative Konfliktlösungsmethoden wie Mediation oder Schlichtung hinzuweisen, ist Aufgabe und Pflicht eines gewissenhaften und seriösen Coachs.
Alternative Konfliktlösungen - zu denen auch Coaching gehört - werden das moderne und zukunftsorientierte Unternehmen auszeichnen.
Die Implementierung eines Konflikt-Managemt-Systems in Organisationen zur Behandlung von Konflikten ist für mich ein ähnlich wichtiger und notwendiger Schritt wie die Einführung von dem Qualitätsmanagement und der Personalentwicklung innerhalb eines Unternehmens.
Als Teilbereich eines funktionierenden Managements hat das Qualitätsmanagement das Ziel Effektivität und Effizienz einer Arbeit oder eines Geschäftsprozesses zu erhöhen.
Die Personalentwicklung hat zum Ziel Mitarbeiter und Teams zu befähigen die Aufgaben in betrieblichen Arbeitssystemen effizienter und erfolgreicher zu bewältigen und sich selbstbewusst und motiviert neuen Herausforderungen zu stellen.
Das Konflikt-Management-System hat - unabhängig davon ob die Konflikte intern oder extern sind - ein Ziel: nämlich den Aufbau eines Systems, in dem Konflikte in einer funktionalen und systematischen Art und Weise gelöst werden, die gleichermaßen die Bedürfnisse von Mitarbeiter und die Bedürfnisse der Organisation berücksichtigen.

Business-Coaching ist ein integraler Bestandteil eines Konflikt-Management-Systems.

Bei Konfliktcoaching gehe ich von der Arbeitsform des Einzel-Coachings der Führungskraft aus.
Dennoch sehe ich auch Möglichkeiten für Konfliktbehandlung in Sonderfällen durch Gruppen- und Team-Coachings.
Idealerweise handelt es sich hierbei um einen externen Coach.
In einigen Fällen, bei denen Kenntnisse der organisationsinternen Strukturen von besonderer Bedeutung sind und bei Erfüllung von gewissen Voraussetzungen wie: Neutralität, Ranghöhe, hierarchische Unabhängigkeit, Unvoreingenommenheit, Unbefangenheit etc., können auch interne Stabs-Coachs eingesetzt werden.
Im Einzel-Coaching kann nur die Wahrnehmung einer einzigen Konfliktpartei bearbeitet werden.
Der Coach kann so zum Beispiel, mittels der psychodramatischen Technik des Rollentauschs im Monodrama (Perspektivwechsel), durch die Rollenübernahme des Gegners, Sichtweisen und Emotionen für den Klienten nachvollziehbar und erlebbar machen.[24]

Gruppen-Coaching umfasst alle Maßnahmen in denen mehrere Personen gecoacht werden. Ein wesentlicher Vorteil kann die Möglichkeit sein, dass die Mitglieder unterschiedliche Sichtweisen und Erfahrungen einbringen sowie neue kreative Denk-Anstöße zur Konfliktlösung geben können.

Team-Coaching ist ein Sonderfall des Gruppen-Coachings und die Besonderheit ist hier die Tatsache, das Teams, in einem festen Funktionszusammenhang stehen und das Ziel ist aus Sicht des Coachs die Widerherstellung der Selbststeuerungsfähigkeit, um Störungen aus eigener Kraft bearbeiten zu können.

---

[24] B.Migge, Handbuch Coaching und Beratung, 2. Auflage 2007, S. 508

Allen Arbeitformen gemein ist die Grundvoraussetzung im Coaching.

Grundvoraussetzungen

- Es sollte sichergestellt sein das ein Coaching freiwillig und nicht auf Anordnung erfolgt.
- Die Inhalte des Coachings sind streng vertraulich und dürfen nicht an Dritte weitergegeben werden.
- Unabdingbar ist die gegenseitige Akzeptanz. Coach und die Beratungsform "Coaching" müssen vom Klienten akzeptiert werden.
- Die Selbstmanagementfähigkeit des Klienten muss vorhanden sein. Bei Vermutung oder Vorhandensein einer Erkrankung muss der Coach den Klienten an einen Arzt oder Psychotherapeuten verweisen.
- Offenheit und Transparenz können nur auf einer gegenseitigen, von Vertrauen geprägten, auf Diskretion bauende Zusammenarbeit stattfinden. Sie sind erforderlich um an den herausfordernden Anliegen des Klienten zu arbeiten.
- Die Veränderungsbereitschaft ist eine wesentliche Voraussetzung in der Beratungsarbeit und muss vom Coach idealer Weise im Vorgespräch geklärt werden.

Unabhängig davon ob der Coach nun die Führungsperson als Klient mit einem persönlichen Konflikt coacht oder die Führungsperson in der Konfliktprophylaxe, Konfliktbeilegung oder in der Etablierung einer gut funktionierenden Streitkultur unterstützt, sollte er über Konfliktkompetenzen und Konfliktfähigkeiten verfügen[25].

Er sollte die Grundlagen dafür schaffen, dass:

- keine destruktiven, kraftraubenden oder lähmenden Konflikte entstehen,

---

[25] B.Migge, Handbuch Coaching und Beratung, 2. Auflage 2007, S. 488

- Konflikte im Anfangsstadium erkennen und weitere Eskalation vermeiden können,
- mit dem angerichteten Schaden konstruktiv umgehen und Lernaufgaben für die Zukunft erkennen können,
- Konflikte nach ihrem Typ und Schweregrad erfassen können,
- im Konfliktverlauf klar zwischen eigenen und fremden Beiträgen zu unterscheiden,
- technische und methodische Kompetenzen besitzen, um den Konflikt zum Persönlichen zu vertiefen oder ihn zum Sachlichen hin abzukühlen.

Als Grundlagen der Konfliktfähigkeiten beschreibt Björn Migge[26] sechs Voraussetzungen:

- Neugierde, als wichtige Grundhaltung um gewohnte stereotype Reaktionsmuster zu unterbrechen,
- Ergebnisoffenheit, Offenheit für eine andere Sichtweise,
- Selbstbewusstsein, durch Mut sich dem Konflikt und anderen zu stellen,
- Klärungsbereitschaft, Bereitschaft sich bewusst auf Konflikte einzulassen,
- Kooperationsbereitschaft, als ideale Konfliktlösung durch Interessenausgleich,
- Fehlerfreundlichkeit, den Blick nach vorne statt nach hinten zu richten.

Der Ablauf des Coachings

Der klassische Coaching-Ablauf[27] besteht aus:

1. Einer Kontaktaufnahme und einem Erstgespräch.

[26] B.Migge, Handbuch Coaching und Beratung, 2. Auflage 2007, S. 488
[27] C.Rauen, Coaching, 2. Auflage, 2008, S:56

Hier soll das Anliegen, die Ausgangssituation sowie die Erwartungen an den Coach geklärt werden, darüber hinaus ob die Grundvoraussetzungen gegeben sind und gegebenenfalls kann erste Entlastung geschaffen werden.

2. Dem zweiten Termin.

   Im zweiten Termin wird das weitere Vorgehen erläutert, der formale Vertrag und der psychologische Vertrag (Spielregeln) festgelegt und die Zielsetzung beschlossen.

3. Folge - Termine.

   Hier erfolgt unter anderem die Begleitung des Klienten im Gespräch und in der Organisation, das neutrale und fundierte Feedback, die Interventionen (zur Stärkung des Bewusstseins und der Verantwortung), die Übungen zwischen den Terminen festgelegt, die Selbstreflexion gefördert und Hilfe zur Selbsthilfe gegeben.

4. Abschlusstermin.

   Hier findet die Evaluation des Coachings statt und der weitere Umgang miteinander wird geklärt.

Im Folgenden möchte ich klären wohin der Business-Coach seine Schwerpunkte in der Beratung legt.
Im Zusammenhang mit Konflikten bietet der Business-Coach dem Klienten auch eine Unterstützung bei:[28]

1. der Konfliktprophylaxe
2. der Bewältigung von Konflikten
3. dem Stimulieren von Konflikten

---

[28] A. Schreyögg, Konfliktcoaching, 2002, S 98

Konfliktprophylaxe

Konfliktvorbeugung ist Führungsaufgabe.
Der Coach unterstützt die Führungsperson in der eigenen präventiven Grundhaltung gegenüber Konflikten: Gelassenheit und Wachsamkeit gegenüber potenziellen Konfliktherden.
Hauptaugenmerk in der Konflikt-Vorbeugung ist ein bewusstes Konfliktmanagement und hier kann und soll der Coach unterstützend einwirken.

Präventives Management

Als präventive Steuerungs- bzw. Managementaufgaben gelten traditionell[29]:

a. Planung
b. Organisieren
c. Personaleinsatz
d. Führung
e. Kontrolle

a. Bei der Konfliktprophylaxe durch qualifizierte Planung, handelt es sich um die strategische Planung, mit der man den Orientierungsrahmen für alle organisatorischen Entscheidungen festlegt, das Arbeiten mit Leitbildern ermöglicht und die operative Planung zur Festlegung der Orientierungsmuster für das konkrete Handeln.
Der Business-Coach soll hierbei den Klienten motivieren, in diese operative Planung die Mitarbeiter einzubeziehen, um mögliche Konflikt Reaktionen einzudämmen.

b. Beim Organisieren geht es um die Setzung und Umsetzung von Zielen. Da viele Konflikte auch Zielkonflikte sind, ist es wichtig gemeinsame Ziele zu entwickeln

---

[29] Steinmann und Schreyögg, G 2000

und auf Ausgleich der Interessen zu achten. Der Teamgedanke soll stets im Vordergrund stehen um das Zugehörigkeitsbedürfnis zu erfüllen. Die zur Zielerfüllung notwendige Aufgabenverteilung soll gerecht und fair vorgenommen werden.
Wertvoll sind die Ausführungen eines Top Managers. Peter-Christian Patzelt hat in seinem Buch „Mensch, Manager!“[30] diesbezügliche Erfahrungen aus seiner langjährigen Praxis in großen Unternehmen einfließen lassen. Ein probates Mittel der Zielbildung stellt beispielweise der „Top-Down und Bottom-Up“ Prozess dar, wo Zielbereich und Oberziele von Topmanagern erarbeitet werden und danach durch Einbindung der Mitarbeiter in den strategischen Prozess, diesen plausibel gemacht werden. Durch diesen Vorgang lernen Mitarbeiter ihren Beitrag zum Ganzen kennen und Verantwortung zu übernehmen.

c. Die Konfliktprophylaxe durch qualifizierten Personaleinsatz ist eine Maßnahme die mit der Personaleinstellung beginnt und die alle Aktivitäten einer Führungskraft umfasst, die dazu dienen, einen qualifizierten und engagierten Personalbestand zu gewinnen, zu erhalten und zu sichern.
Peter-Christian Patzelt hat in seinem Buch „Mensch, Manager!“[31] wichtige Hinweise und Kriterien für die sorgfältige und systematische Auswahl von neuen Mitarbeitern aufgeführt.

d. Die Konfliktprophylaxe durch qualifiziertes Führen ist ein Aufgabenbereich der die Veranlassung der Arbeitsausführung und ihre Steuerung im organisatorischen Alltag betrifft. Qualifiziert führen zu können heißt von Seiten der Führungskraft, sich Zeit zu nehmen, dem Mitarbeiter aufmerksam zuzuhören und auch schwierige Fragen auszudiskutieren.

---

[30] P.C. Patzelt, Mensch,Manager!, 2005, ab S: 46
[31] P.C. Patzelt, Mensch,Manager!, 2005, ab S: 184

Hier sollte der Business - Coach mit dem Klienten an der Selbstreflexion dessen Führungsstils arbeiten, da zu unklare oder zu rigide Führungsstile Ursachen für die Entstehung von organisatorischen Konflikten sein können.

e. Konfliktprophylaxe durch qualifizierte Kontrolle setzt eine bewusste Haltung der Führungsperson voraus. Konsequent und regelmäßig durchgeführt entzieht diese Maßnahme Konflikten ihren Nährboden, fördert eine konstruktive Haltung zur Arbeit und trägt auch der Führungsperson Respekt ein.

Die Kontrollfunktion sollte im Coaching sehr sorgfältig behandelt werden denn sie stellt für viele Führungspersonen ein heikles Thema dar. Groß ist oft die Unsicherheit der Führungskräfte, ob sie durch Ausübung ihrer Kontrollfunktion nicht als misstrauisch abgestempelt werden.

Auf den Punkt gebracht hat Peter-Christian Patzelt die wichtigsten Managementaufgaben als Führungskraft:[32]

- Die mittel und langfristige Zielsetzung
- Die Ergebniskontrolle
- Die Auswahl und die Entwicklung der Mitarbeiter
- Die Informationsbearbeitung

Diese dienen nicht nur dem reibungslosen Ablauf im Unternehmen sondern beugen auch Konflikten vor.

Mitarbeitergespräch

Diese Art der Gespräche hat nach meinen langjährigen Erfahrungen einen hohen Stellenwert in der Zusammenarbeit.

---

[32] P.C. Patzelt, Mensch,Manager!, 2005, S: 79

Nur Informationen die direkt, ungefiltert und gleichzeitig allen Beteiligten zugänglich gemacht werden, schaffen Klarheit und lassen Gerüchten oder Falschmeldungen keine Chance.

Die hierarchiefreie und sachgerechte Kommunikation ist die Basis für ein nachhaltiges Vertrauensverhältnis und ein gutes Betriebsklima.

In vielen Unternehmen finden bereits institutionalisierte Gespräche zwischen Vorgesetzten und Mitarbeiter als Leistungsbewertung des Mitarbeiters statt.

Es ist die Folge der immer schwieriger werdenden Marktsituation, die es erforderlich macht, nach neuen Verfahren für Optimierungsprozesse zu suchen.

Die Zielerreichung steht dabei im Mittelpunkt und ist nicht nur aus der Sicht des Unternehmens wichtig.

Aus konfliktpräventiver Sicht, finde ich ein zusätzliches, anlassfreies und regelmäßiges Gespräch zwischen Vorgesetzten und Mitarbeiter als genauso wichtig.

Hier hat der Mitarbeiter die Möglichkeiten, seine eigenen Bedürfnisse, Hypothesen, Sorgen, Ängste, aber auch Wünsche und Anregungen mitzuteilen.

Ein solches Gespräches hat einen die Motivation stärkenden Charakter, fördert das Vertrauen und festigt die Bindung zum Vorgesetzten und zum Unternehmen.

Eine solche Maßnahme ist eine gute Voraussetzung, Konflikten im Ansatz zu begegnen und diese pro-aktiv zu behandeln.

„Je besser man sich gegenseitig kennt, desto sicherer können sich beide fühlen, desto eher kann sich gegenseitig Vertrauen entwickeln"[33] sagt Peter-Christian Patzelt und er spricht aus einer langjährigen Erfahrung als Top Manager.

Die Grundlagen eines solchen Gespräches sind absolute Vertraulichkeit, Ruhe und ein ausreichender Zeitrahmen für den persönlichen Austausch.

Voraussetzung ist ein fest vereinbarter Termin.

---

[33] P.C. Patzelt, Mensch,Manager!, 2005, S: 119

Die Struktur eines solchen Gespräches haben Jiranek und Edmüller in einem Drei-Phasen-Modell zusammengefasst[34]:

- Im ersten Gesprächsabschnitt soll der Mitarbeiter Gelegenheit haben seine persönlichen Anliegen in den Mittelpunkt zu stellen. Es können Wünsche und Befürchtungen ebenso beleuchtet werden wie schwierige oder belastende Beziehungen in privater oder beruflicher Hinsicht.
- Im zweiten Gesprächsabschnitt soll die Führungskraft seine persönlichen Anliegen schildern.
- Der dritte Teil kann zu einer Vereinbarung führen, die sich aus den ersten beiden Abschnitten ergibt. Diese Vereinbarung dient einem gemeinsamen besseren Verständnis, ist vertraulich und betrifft in Inhalt und Zielorientierung nur die Belange der beiden Gesprächsteilnehmer und wird nicht an Dritte weitergeleitet.

Konferenz

Eine weiter Maßnahme in dem Konfliktvorbeugung angewandt werden kann ist die Konferenz. Besonders hier stoßen verschiedene Meinungen aufeinander, gibt es Widerstände, finden Gruppenbildungen statt, hier versucht man einander zu beeinflussen.

Die Gefahr ist groß, dass sich daraus Störungen und Konflikte entwickeln, die unbearbeitet bleiben.

Fragen nach der Zusammenarbeit, der Atmosphäre, der Stimmungs- und Motivationslage sollten fester Bestandteil von Konferenz-Tagesordnungen werden.

Wenn sich die Möglichkeit bietet, ehrlich und klar in der Gruppe zu kommunizieren, schafft diese offene Kommunikation eine positive und konstruktive, von gegenseitigem Vertrauen und Respekt gestützte Gruppen-Dynamik.

---

[34] H. Jiranek; A. Edmüller, Konfliktmanagement, 2. Auflage 2007, S. 76

Der Gruppen-Dynamik förderlich im Sinne von Konfliktprävention sind auch Gespräche außerhalb des Alltagsgeschäftes im Rahmen von Workshops.
Diese Veranstaltungen mit dem Ziel der besseren gegenseitigen Verständigung eignen sich am besten um über das Berufliche hinaus Kontaktpflege zu betreiben und bei einem moderierten und strukturierten Ablauf in entspannter Atmosphäre sowohl Rückschau als auch Vorschau zu betreiben.
Sinnvoll eingesetztes „Brainstorming“ ist hier ideal geeignet, um neue Impulse zu setzen und den Teamgeist zu festigen.
Es lohnt sich neben der Zeit zur Erreichung der Unternehmensziele weitere Zeit in die Konflikt-Vorbeugung zu investieren, da es wesentlich einfacher und kosteneffizienter ist Prävention zu betreiben, als die Symptome eines nicht rechtzeitig behandelten Konfliktes zu lösen.

Kommunikation als Instrument der Konfliktprophylaxe

Die Kommunikation nimmt in unserem Alltag eine wichtige und herausragende Stellung ein und ist sehr gut für eine Konfliktprävention geeignet.
Ein geeignetes Instrument zur Vorbeugung von Konflikten ist die Verwendung der gewaltlosen Kommunikation von Marshall B. Rosenberg[35].

Dieses Modell der GFK (**G**ewalt - **F**reie - **K**ommunikation) nach Rosenberg besteht aus nur vier Komponenten, die einerseits sehr einfach in der Beschreibung, andererseits schwierig in der Anwendung sind - weil wir diese Art der Kommunikation nie gelernt haben:

1. Beobachten ohne zu bewerten
2. Gefühle (statt Gedanken) in Bezug auf das Beobachtete wahrnehmen und ausdrücken.

---

[35] Rosenberg, Marshall B., Gewaltfreie Kommunikation, 8. Auflage Paderborn 2009

3. Verantwortung für unsere Gefühle übernehmen (Erkennen und Akzeptieren unserer Bedürfnisse hinter den Gefühlen)
4. Um das bitten was unser Leben bereichert (Bitten statt Forderungen formulieren)

Die eine Seite dieses Modells besteht darin, diese vier Informationsteile mit Worten oder auf andere Weise auszudrücken.
Andererseits nehmen wir die vier relevanten Informationsteile unserer Gesprächspartner auf.
Wir treten mit unseren Kommunikationspartnern in Kontakt, indem wir uns in Einklang mit dem was sie beobachten, fühlen und brauchen und wenn wir den vierten Teil - ihre Bitte hören - was ihre Lebensqualität verbessern würde.
Erfolgreich angewandt und lebendig praktiziert, dient diese Art der Kommunikation als Grundlage eines Konfliktmanagements in der Auseinandersetzung von Mensch zu Mensch.
Das setzt voraus, diese gewaltfreie Sprache zu bejahen, sich mit dieser Art der Kommunikation vertraut zu machen, sie anzuwenden und stetig zu verbessern.
Das setzt voraus diese Sprache zu „lernen".

Bewältigung von Konflikten

Konfliktbewältigung ist Führungsaufgabe.
Eine Führungskraft muss erkennen können wann ein Konflikt die Leistungs- und Funktionsfähigkeit des Systems gefährdet.
Konfliktcoaching beginnt zunächst mit der Diagnose von Konflikten.
Zunächst muss der Coach prüfen ob ein Konflikt evident ist.
Nicht jeder Konflikt lässt sich als solcher ausmachen. Vielfach besteht eine unterschiedliche Wahrnehmung der Konflikte, was es der Führungsperson erschwert, mit

den Konfliktparteien diesbezüglich in Kontakt zu treten und Maßnahmen der Konflikt-Eindämmung oder Konfliktlösung zu ergreifen.

Ist der Konflikt als solcher ausgemacht und akzeptiert, beginnt jeder seriöse Coach zunächst die Analyse, ob Coaching in dem aktuellen Fall auch die richtige Beratungsform ist.
Bei bereits stark eskalierten Konflikten sind adäquatere Verfahren wie z.B. Mediation, Schlichtung oder sogar eine richterliche Entscheidung als Lösung zu wählen.

Erst wenn Coaching als geeignete Beratungsform von den Vertragsparteien anerkannt wird und alle wesentlichen Grundvoraussetzungen erfüllt sind, kann der Coach auf vielfältige Art mit seiner unterstützenden Arbeit z.B. der Bewältigung und Harmonisierung von Konflikten, zur Widerherstellung der Funktionalität des Systems oder einer bewussten Stimulierung von Konflikten zur Steigerung der Effektivität des jeweiligen Organisationsystems beginnen.
Ein erster Schritt zur Lösung eines Konfliktes ist somit schon getan wenn man ihn überhaupt einmal als solchen erkannt hat[36].

Vor jeder diagnostischen Aktivität mit dem Coaching Klienten empfiehlt es sich eine Reihe von Vorüberlegungen anzustellen[37].

Dazu gehören folgende Vorfeldanalysen:

- Besonderheiten, die sich aus der Vorgesetztenrolle generell ergeben (z.B. dass Konfliktbearbeitung zur Führungsaufgabe gehört).
- Besonderheiten der persönlichen Rollenausgestaltung des Klienten

---

[36] G. Schwarz, Konfliktmanagement, 8. Auflage 2010, S.45
[37] A. Schreyögg, Konfliktcoaching, 2010, S 98

(z.B. hängt der Erfolg von Interventionen im Zusammenhang mit Konflikten in hohem Maße davon ab wie die Führungskraft als jeweilige Persönlichkeit ihre Vorgesetztenrolle ausgestaltet hat).

- Besonderheiten, die bei neuen oder neu ernannten Führungskräften relevant sind. (z.B. gibt es konfliktäre Altlasten, Innovationsstau oder sogar geheime Verträge?).

Diese Analysen sind für den Coach und den Klienten wichtig, da nur sie eine geeignete Auswahl an Strategien der Konfliktdiagnosen gewährleisten.

Es folgt die Analyse auf welcher Ebene die Konflikte angesiedelt sind. Hier werden im einzelnen drei Konfliktebenen unterschieden:[38]

- Die organisationspsychologische Ebene.
  Diese Konfliktebene befasst sich mit den besonderen Bedürfnissen einer Organisation, die berücksichtigt werden müssen, um ihre Funktionalität zu garantieren und die Rahmenbedingungen für die Mitarbeiter zu schaffen.
  So können z.B. unklare Strukturen, nicht eindeutige Zuständigkeiten und fehlende Kompetenzen zu vielen Irritationen unter den Mitarbeitern führen.
- Die sozialpsychologische Ebene.
  Diese Konfliktebene befasst sich mit den zwischenmenschlichen Faktoren des Konfliktgeschehens.
  Der Beziehungsgestaltung am Arbeitsplatz kommt eine große Bedeutung zu. Führungskräfte sind gut beraten die Beziehungsbedürfnisse ihrer Mitarbeiter zu beachten, ernst zu nehmen und soweit dies möglich ist für deren Befriedigung zu sorgen.
- Die individualpsychologische Ebene.
  Sie befasst sich mit den individuellen Faktoren eines Konfliktgeschehens.

[38] "Free the Limbic by ROMPC" - Business Consultant-Workshop, Thomas Weil, Kassel, 2011

Diese Analyse versucht zu ermitteln, wie die am Konfliktgeschehen agierenden Personen an konstruktiven Lösungsprozessen beteiligt sind und inwieweit ihre in der Vergangenheit gemachten Erfahrungen als Haltungs- und Verhaltensmuster für ihr Handeln verantwortlich ist.
Allzu oft wird eine Firma von Einzelpersonen unbewusst als Austragungsstätte ungelöster innerer Konflikte missbraucht, deren Wurzeln viele Jahre zurückliegen können.

Danach folgt die Diagnose der konfliktären Ist-Situation.
Hierbei soll festgestellt werden, ob der Konflikt im mikro- oder meso-sozialen Rahmen stattfindet, ob es sich um einen heißen oder kalten Konflikt handelt, welche Ursachen und Streitgegenstände dem Konflikt zugrunde liegen und auf welcher Eskalationsstufe der Konflikt sich aktuell befindet.

Der Business-Coach unterstützt hier die Führungsperson in der Wahl der passenden Strategie zur Konfliktbewältigung.

Die Wahl orientiert sich vornehmlich an den im konflikttheoretischen Teil beschriebenen Eskalationsstufen.

Aus der Perspektive des Business-Coachings ergeben sich als Konfliktlösungsstrategie drei mögliche Modelle:

- Die Moderation
- Das Harvard Konzept
- Der Machteingriff

Moderation

Der Begriff „Moderation“ soll hier als Methode zur Konfliktregulation und nicht als generelle Führungshaltung verstanden werden.
Hier unterstützt der Coach die Führungsperson in der Entwicklung einer Streitkultur bei einem internen Konflikt in seinem Zuständigkeitsbereich.

In den Phasen eins bis drei des Eskalationsmodells nach Glas, kann in Organisationen die Führungskraft die Konfliktlösung oder die Konflikteindämmung herbeiführen. Dabei stehen ihr mehrere Rollen als Moderator zur Verfügung.
Hinter dem von Glasl kreierten „Strategiemodell Moderation“[39] verbirgt sich eine Vielzahl von konkreten und ganz unterschiedlichen Möglichkeiten der Ausgestaltung dieser Rolle[40].

1. *Die Rolle des Initiators:* Die Führungsperson sorgt als Initiator dafür, dass eine Konfliktlösung von den am Konflikt Beteiligten angegangen und gelöst wird. Dabei beteiligt er sich nicht an der Bearbeitung bzw. Lösung des Konfliktes.
2. *Die Rolle des Beraters:* Als Berater leistet die Führungskraft den Konfliktparteien wichtige Unterstützung bei der Lösung. Dies geschieht durch Beratung der Beteiligten. Die Konfliktbearbeitung und die Lösung überlässt er den Beteiligten.
3. *Die Rolle des Konfliktbegleiters:* In dieser Funktion übernimmt der Vorgesetzte die Aufgabe, die Beteiligten bei der Konfliktlösung direkt zu unterstützen. Diese geschieht durch Leitung von Konflikt-Gesprächen. Seine wesentliche Hauptaufgabe ist es, den Beteiligten die Rahmenbedingungen für ein effizientes und Erfolg versprechendes Vorgehen zur Konfliktlösung zu vermitteln.

---

[39] Glasl, Konfliktmanagement, 8. Auflage 2004, S.396
[40] H. Jiranek, A. Edmüller, Konfliktmanagement, 2. Auflage 2007, S. 105

In der Rolle des Konfliktbegleiters kann folgende Vorgehensweise angewandt werden:[41]:

1. Jede Partei notiert strittige Kernpunkte der Sache und störende Punkte der Beziehung auf Moderationskarten. Diese Karten werden sichtbar an die Pinn- oder Magnetwand geheftet.
2. Die einzelnen Konfliktparteien erläutern ihre Karten kurz und bündig, unter Verzicht auf Polemik. Die andere Partei hört zu und stellt Verständnisfragen.
3. Die Karten werden dann nach Themen sortiert und in einer definierten Reihenfolge angeordnet.
4. Nun werden von beiden Konfliktparteien Lösungsmöglichkeiten vorgeschlagen, die später als Kompromisse oder auch zur Kooperation dienen sollen.
5. Diese Vorschläge werden von beiden Parteien zunächst darauf untersucht, ob sie tatsächlich verwirklicht werden können.
6. Beide Parteien einigen sich mit der neu gewonnen Grundeinstellung darauf, zu einem späteren Zeitpunkt wieder miteinander zu kommunizieren.

Der Coach kann diese Technik beispielhaft mit der Führungskraft als einer Person anwenden, der die Rollen tauscht und hiermit neue Einsichten in die Konfliktdynamik gewinnt.
Dieser kann die Einsichten für sich persönlich nutzen, sofern er einen direkten Konflikt erlebt, oder als Modell übernehmen wenn er als Konfliktbegleiter moderiert.

Die Führungsperson kann als Begleiter des Konfliktes in diesem Sinne mit beiden Konfliktparteien direkt arbeiten.

Bei allen Aspekten und Gestaltungsmöglichkeiten der Moderatorenrolle, besteht ihr Kern darin, die Konfliktparteien zu unterstützen, selbst eine Lösung zu finden.

[41] B.Migge, Handbuch Coaching und Beratung, 2. Auflage 2007, S. 504

Zur erfolgreichen Behandlung des Konfliktes bestimmen vier Werte die Einstellung zur Konfliktlösung die unbedingt Beachtung finden müssen:

- *Die Selbstverantwortung:* Die Beteiligten übernehmen selbst Verantwortung für die Klärung ihres Anliegens.
- *Die* Gleichberechtigung*:* Es muss sichergestellt werden, dass jeder Standpunkt gleichermaßen geäußert und angehört wird und dass jedes Anliegen zur Sprache kommt.
- *Die Ehrlichkeit:* Hier wird unumwunden offen gelegt worum es geht.
- *Die Klarheit:* Allen Beteiligten soll klar sein worum es geht und worauf sie sich einlassen.

Die Aufgabe des Business-Coachs ist es, die Führungskraft mit einigen Grundsätzen der Moderation vertraut zu machen.[42]
So soll der Führungskraft bewusst gemacht werden, dass sie den Gesprächsrahmen und den Gesprächsprozess bestimmt, jedoch in der Debatte über die inhaltlichen Details den entsprechenden Freiraum gewähren soll.
Die Führungsperson soll darauf achten dass die Sachebene nicht verlassen wird und soll sich nicht zu emotionalen Ausbrüchen verleiten lassen. Er soll die Mitarbeiter anregen ihre Interessen zu formulieren, statt ihre Positionen oder Standpunkte zu nennen und zu verteidigen.
Im Vorfeld der Moderation soll der Business-Coach mit der Führungskraft eventuelle persönliche Interessenkollisionen mit dem zu behandelnden Thema klären um die sachgerechte Neutralität sicherzustellen.
Des Weiteren unterstützt der Business-Coach die Führungsperson in der Gestaltung eines strukturierten Prozess-Ablaufs, in der Festlegung gültiger Kommunikation- und Verhaltensregeln sowie einer ausreichender Zeitplanung.

[42] A. Schreyögg, Konfliktcoaching, 2002, S 116

Harvard Konzept

Ein in den USA entwickeltes und in Deutschland unter dem Namen „Das Harvard Konzept“ bekanntes Verhandlungskonzept, sollte vom Business-Coach der Führungskraft auch als Konfliktlösungs-Modell vermittelt werden.

Seine Methode bezieht sich auf vier Grundaspekten[43]:

1. Menschen:
   die Parteien werden gebeten Menschen und Probleme getrennt voneinander zu behandeln.

2. Interessen:
   Nicht Positionen, sondern Interessen in den Mittelpunkt stellen. Dabei finden persönliche Bedürfnisse eine Berücksichtigung.

3. Möglichkeiten:
   Vor der Entscheidung verschieden Wahlmöglichkeiten (Lösungen) entwickeln die alle Interessen berücksichtigen und Anliegen miteinander in Einklang bringen.

4. Kriterien:
   Das Ergebnis auf objektiven Entscheidungsprinzipien aufbauen. Hier sollte man auf Anwendung neutraler Beurteilungskriterien bestehen.

---

[43] R.Fisher;W.Ury; B.Patton, Das Harvard Konzept, 23. Auflage 2009, S.34

Machteingriff

Wenn die Bemühung den Konflikt durch Moderation oder das „Harvard Konzept“ beizulegen fehlgeschlagen sind, möglicherweise weil sich die Eskalation bereits in den nächsten höheren Stufen befindet, finden weiter Modelle Anwendung.

Weitere Strategiemodelle zur Konfliktbeilegung sind[44]:

- Prozessbegleitung für die 4. Eskalationsstufe
- Sozio-therapeutische Prozessbegleitung für die fünfe Eskalationsstufe
- Vermittlungsaktivitäten (Mediation) für Stufen fünf, sechs und sieben.
- Schiedsverfahren (Arbitrage), einem richterlichen Entscheid oder anderen legistischen Verfahren, durch welche die Parteien zur Annahme einer Lösung geführt oder veranlasst werden.

Der Vorgesetzte oder die Führungskraft wird in diesen Fällen jedoch die Konfliktbewältigung spezialisierten und externen Konfliktmanagern, Mediatoren oder Richtern überlassen.

In Organisationen können Vorgesetzte der Konfliktparteien jedoch aufgrund ihrer formellen Kompetenzen eingreifen.

Es ist dies die Maßnahme des Machteingriffs[45].

Bei dieser Maßnahme ist die Führungskraft für die Entscheidung alleine verantwortlich, die Mitarbeiter sind daran nicht beteiligt.

Diese Strategie sollte auch nur angewandt werden um einen Konflikt unter Kontrolle zu bringen, ihn auf die Sachebene zu reduzieren und um alle potenziellen Folgen des Konfliktes zu begrenzen[46].

---

[44] Glasl, Konfliktmanagement, 8. Auflage 2004, S. 393
[45] Glasl, Konfliktmanagement, 8. Auflage 2004, S. 432
[46] A. Schreyögg, Konfliktcoaching, 2002, S 124

Die Aufgabe des Business-Coachs ist es gemeinsam mit der Führungskraft vor der Anwendung der Maßnahme die Beziehung zwischen ihr, der Führungsperson, und den Mitarbeitern (Konflikt-Akteuren) zu analysieren. Der Business-Coach soll die Führungskraft darauf vorbereiten dass eine solche Intervention eine klare Haltung im Umgang mit der Macht erfordert und sich danach die Beziehungen zu den Mitarbeitern verändern kann[47].

Coaching zur Konfliktstimulation

Die Förderung von Konflikten ist eine neue Tendenz im Coaching die erst in den letzten Jahren thematisiert wurde.
Besonders positive Wirkungen lassen sich bei Organisationen erzielen, die bereits ein gewisses Maß an Erstarrung und Stillstand aufweist, bei Organisationen die durch Zwang zur Konformität einen Mangel an Konfliktbereitschaft besitzen und vor allem in Abteilungen mit einer innovativen Mission deren Mitglieder zur Auftragserfüllung Konflikte geradezu anregen müssen, beispielweise: Qualitätsmanagement, Gleichstellungsbeauftragte[48].

Der Coach soll einen Maßnahmenkatalog erstellen, den er mit seinem Klienten, der Führungskraft, erarbeiten soll, in dem z. B. bereits bei der Personalauswahl auf eine belebende Vielfalt der Mitarbeiter geachtet wird. Des Weiteren kann die Förderung von Gruppen- oder Abteilungsrivalitäten durch Ausloben von Preisen, für die Erledigung von bestimmten Aufgaben die abteilungsweise erledigt werden müssen, erfolgen.[49]
Bei diesen Maßnahmen geht es primär darum die Führungskraft zu unterstützen eine gut funktionierende Streitkultur herzustellen.

[47] A. Schreyögg, Konfliktcoaching, 2002, S 125
[48] A. Schreyögg, Konfliktcoaching, 2002, S 126
[49] A. Schreyögg, Konfliktcoaching, 2002, S 127

Gefragt sind hier Kreativität und Mut um eingefahrene Gleise zu verlassen
Einen recht interessanten Ansatz hat Edward de Bono in seinem Buch „Konflikte - Neue Lösungsmodelle und Strategien-„[50] postuliert.
Edward de Bono ist ein weltbekannter Denker und Kreativforscher. Er prägte den Begriff "laterales Denken".
Darunter ist das bewusste „um die Ecke denken" zu verstehen. Im Gegensatz zum vertikalen logischen Denken, bedeutet das bewusst unlogisch und unkonventionell zu denken. Er nennt es „die Fähigkeit aus dem Gefängnis der alten Idee auszubrechen und neue Ideen zu entwickeln".
Diese Art zu denken kann helfen, blinde Flecken zu überwinden und neue Ideen und Sichtweisen zu gewinnen.

Die vier Prinzipien des lateralen Denkens:

1. Erkennen beherrschender Vorstellung und Denk-Wege
2. Suche nach anderen Wegen, die Dinge zu betrachten
3. Lockerung der strengen Kontrolle, die das rational-logische (vertikale) Denken ausübt.
4. Bewusste Verwendung des Zufalls.

Ausgangspunkt seiner Gedanken ist die Überzeugung das unsere Denkmethoden für eine Konfliktlösung ungeeignet ist.
Die Methoden entstammen einer Tradition des Denkens, das nicht auf Konfliktvermeidung sondern auf Kompromiss beruht.
Er stellt fest, dass die Argumentation im Sinne des sokratischen Dialogs für die Konfliktlösung nicht geeignet ist. Seiner Meinung nach obsiegt in dieser Verhandlungsart nicht der bessere Standpunkt sondern das stärkere Argument.

---

[50] E. de Bono, Konflikte, 1987, S.270

Als geeignetere Methode schlägt er das Explorationsidiom vor. Das Entwerfen erfordert einen wichtigen kreativen Beitrag. Es ist nicht nur ein Auseinandersetzen mit zur Verfügung stehenden Ideen und Wahrnehmungen sondern es geht vielmehr darum neue Ideen und Wahrnehmungen hervorzubringen und somit Wahlmöglichkeiten zu schaffen.
Seine Verdienste bestehen im Wesentlichen in der Entwicklung von Kreativ-Techniken die von jedermann schnell erlernbar und einfach anwendbar ist.

Eine im Business-Coaching anwendbare Methode ist seine „Hut-Wechsel-Methode“. Sie eignet sich sowohl zur Konfliktbearbeitung auf sachlicher Ebene als auch als Stimulanz.
Hier werden Probleme und Fragestellungen von verschiedenen Seiten beleuchtet und systematisch durchgespielt. Die Folge ist das die Haltung zum Problem geändert wird neue Sichtweisen entstehen und neue Lösungsansätze können abgeleitet werden.

Diese Methode kann mit einem Team oder einer Gruppe durchgeführt werden und dient als Konfliktbearbeitung durch seine unkonventionelle Art und Weise die Komplexität der Aufgabe zu durchleuchten und neue Ansätze zu finden.

Diese Methode kann jedoch auch im Einzel-Coaching angewandt werden. Der Ablauf bleibt identisch. Statt Hüte kann der Coach Metaplankarten verwenden.

Der Ablauf:
Der Klient legt alle sechs farbigen Karten als Bodenanker im Kreis aus.
Folgende Farben liegen sich gegenüber:

Weiß - Rot

Gelb - Schwarz

Grün - Blau

Die Bedeutung der einzelnen Farben und ihre Aufgabenstellung:

Weiß = Objektivität und Neutralität
Informationen werden gesammelt ohne zu werten. Weiß ist immer der Startpunkt.

Rot = Emotionen
Hier werden Intuitionen, Ahnungen, sowie positive und negative Gefühle geäußert.

Gelb = Objektiv positive Aspekte
Hier werden positive und konstruktive Aspekte geäußert.

Schwarz= Objektiv negative Aspekte
Hier werden negative Aspekte geäußert. Es können Bedenken, Risiken, Zweifel und Gefahren geäußert werden

Grün = Kreativität
Diese Karte (Hut) steht für Kreativität, Wachstum, Alternativen, neue Ideen.

Blau = Dirigent
Die blaue Karte (Hut) steht für die Kontrolle und für die Organisation des gesamten Denkens. Es ist die Metaposition.

Durch das Auflösen des Problems oder der Fragestellung in die einzelnen Teile, wird es den Teilnehmern (Teilnehmer) möglich ihre (seine) Haltung zum Problem zu verändern und eine Neubewertung des Problems oder gar eine Problem-Lösung zu schaffen.

Einordnung der Ergebnisse in den bisherigen Wissens-/Literaturstand

Dem Thema Konflikte ist eine umfangreiche Literatur gewidmet.
Der Klassiker F. Glasl mit seinem Standardwerk „Konfliktmanagement“ ist von seiner konflikttheoretischen Seite ein unschätzbares Werk mit einem profunden Wissen.
G. Schwarz hat mit seinem gleichnamigen Werk „Konfliktmanagement“ eine umfangreiche Konfliktarteneinteilung vorgenommen.
Coaching bei Konflikten wird auch ausführlich von Dr. Björn Migge in seinem Handbuch Coaching und Beratung erläutert.

Ein besonderes breit gefächertes Spektrum an Konflikt-Coaching-Konstellationen hat Frau Astrid Schreyögg in ihrem Buch „Konfliktcoaching“ ausgearbeitet. Hier geht sie auch speziell auf die umfangreichen Führungskonstellationen ein.
Durch die hier aufgeführte und der jeweiligen Situation angepasste und vor dem Hintergrund der speziellen Bedürfnisse des Unternehmens wohl bedachte Konflikttherapie gilt dieses Buch als besonderen Leitfaden und Ratgeber für die Konfliktlösungs-Praxis.

Sehr hilfreich sind die Studien des Lehrstuhls Controlling der Hochschule Regensburg und dem Kompetenzzentrum Konfliktmanagement der Fachhochschule Bern in Zusammenarbeit mit KPMG von 2009 zum Thema „Konfliktkostenstudie – Die Kosten von Reibungsverlusten in Industrieunternehmen“.
Sie führt belastbare Zahlen zur Konfliktkostenbestimmung auf um die Organisationen für Investitionen in Konfliktbearbeitung zu überzeugen.

Darstellung der Arbeit: Methodik, Ergebnisse, Interpretation, Diskussion

Zu Beginn der Arbeit beschäftige ich mich mit den notwendigen Grundlagen: erkläre was ein „Business-Coach" ist, erläutere die Struktur der Organisationen und beschäftige mich mit dem erforderlichen konflikttheoretischen Grundwissen.

Danach zeige ich anhand einer Studie die pekuniären Gründe für die Notwendigkeit der Bearbeitung von Konflikten auf.
Im weiteren Verlauf gehe ich auf die unterschiedlichen Konfliktpotentiale in den Organisationen ein und wende mich dann dem eigentlichen Konfliktcoaching zu. Hier behandle ich die Möglichkeiten eines Coachings bei Konflikten von der Prävention über die Konfliktbehandlung hin zu Konfliktstimulation.

Als Ergebnis kann ich festhalten das Coaching bedingt einsetzbar ist. Als konfliktpräventive Maßnahme ist es sicherlich bestens geeignet.
Die Konfliktlösungsmöglichkeiten sind von dem Grad der Eskalation abhängig.
Ist der Konflikt zu stark eskaliert kommt ein Konfliktcoaching nicht mehr in Frage. Hier ist von Seiten des Coachs unbedingt die Grenze zu anderen alternativen Konfliktlösungsmodellen zu ziehen und auch einzuhalten.
Die neue Tendenz der Konfliktstimulation zur Überwindung starrer Routine und Anregung über neue Wege nachzudenken ist unter der Leitung eines Coachs sicherlich stets zu befürworten.

Diskussionswürdig ist in diesem Zusammenhang die Akquise von Konfliktcoaching-Aufträgen.
Das Verständnis Coaching als Konfliktlösungsmodell zu benutzen, ist so gut wie nicht vorhanden.

In den Organisationen wächst zwar allmählich die Bereitschaft der Mitarbeiter, eigeninitiativ alternative Konfliktlösungsmethoden zu erlernen, z.B. durch Weiterbildungen zum Coach oder Mediator.
Vielfach findet auch eine Würdigung dieser Bemühungen durch finanzielle Unterstützung und Gewährung von Bildungsurlaub von Seiten der Organisationen statt.
Einige Großunternehmen mit Personalentwicklungsbereichen lassen bereits Ihre Mitarbeiter entsprechende Weiterbildung zum Coach und/oder Mediator besuchen.
Doch das Gros der Organisationen hat diesbezüglichen großen Beratungs- und Nachholbedarf.

Hier setzt auch meine Idee an.
Das Verständnis einer Konfliktbearbeitung muss in den Organisationen erst geweckt werden. Eine diesbezügliche Pionierarbeit ist damit unerlässlich. Die Handlungsnotwendigkeit muss in die Unternehmen hineingetragen werden.
Ein Ansatz kann sein, Beratungsgespräche anzubieten die einen rein informativen Charakter haben. Grundlage dieser Gespräche können Gedanken und Visionen der Implementierung eines Konfliktmanagementsystems sein, wie ich nachfolgend aufzeigen möchte.

Weiterführende Anregungen & Ausblick

Einige große Unternehmer setzen bereits heute zur Regelung auftretender Konflikte auf eine differenzierte Auswahl konkreter Konfliktbearbeitungsverfahren.
Auf Initiative von SAP und E.on haben sich im Mai 2008 Entscheidungsträger von unterschiedlichen Unternehmen in Waldorf getroffen um sich über das Thema Konfliktmanagement auszutauschen.

Sie gründeten einen Runden Tisch und haben zahlreiche Firmen eingeladen sich daran zu beteiligen.
Heute gehören zu diesem Kreis Unternehmen wie: Audi AG, Bayer AG, Bombardier Transportation GmbH, Deutsche Bahn, EnBW AG, Deutsche Telekom AG, Fraunhofer Gesellschaft und Siemens AG.
Diese Initiative der Deutschen Wirtschaft wird von dem „Institut für Konfliktmanagement“ an der Europa-Universität Viadrina in Frankfurt /Oder in persona von Professor Ulla Gäßler und Professor Lars Kirchhoff begleitet
Gemäß einer von der Europa-Universität Viadrina in Frankfurt /Oder und der Wirtschaftsprüfungs- und Beratungsgesellschaft PwC durchgeführten Studie[51], berichtet Michael Hammes, von PwC, dass erfreulicherweise in modern und lösungsorientierten Unternehmen, Konflikte immer seltener durch einfache Anweisung von oben gelöst werden.
Das Ziel ist die Implementierung eines funktionierenden Konflikt-Management-Systems.
Nach Professor Ulla Gäßler ist ein vollständiges Konflikt-Management-System erreicht, „wenn es unternehmensweit bekannte Konfliktanlaufstellen gibt, für eine systematische Verfahrenswahl gesorgt ist, die konfliktbearbeitenden Personen nach transparenten Verfahrensstandards arbeiten, Controlling und Qualitätssicherung gewährleistet sind und diese Komponenten zentral gesteuert und nach innen wie außen gut kommuniziert werden.
Die Umsetzung ist aufgrund der verschiedenen Unternehmensbedürfnisse unterschiedlich.
Die Ansätze, die in den jeweiligen Unternehmen beim KMS (Konfliktmanagementsystem)gepflegt werden sind daher auch sehr unterschiedlich.
Während sich z.B. Bombardier auf Konflikte mit externen Situationen konzentriert, befasst sich SAP und E.on bisher nur mit internen Konfliktsituationen.

[51] Konfliktmanagement,PwC/EUV, März 2011, www.pwc.de, pdf-download, 21.03.2011

In wesentlichen Punkten sind sie sich jedoch einig: sie wissen, dass es Streitigkeiten in Unternehmen gibt und verheimlichen das nicht mehr. Weiter glauben sie daran, dass die herkömmlichen Lösungswege wie Schadensersatzklagen oder Kündigungen nicht unbedingt und in jedem Fall die besten Lösungen sind.[52]

Ein Denkmodell ist eine Anlaufstelle für Anfragen als Stabsstelle möglichst weit oben in der Hierarchie zu installieren. Idealerweise ist die Unabhängigkeit der Stelle von Weisungen durch eine entsprechende Vereinbarung gesichert.
Die neutrale Person in der Rolle eines Ombudsmann/Ombudsfrau oder eines Konfliktlotsen erhält Schilderungen von Konflikten, die selbstverständlich vertraulich behandelt
werden.
In den anschließenden Gesprächen wird nach den geeigneten Verfahren zur Konfliktlösung gesucht.

Als alternatives Konfliktlösungsmodell wird in den zum „Round Table" gehörenden Unternehmen verstärkt auf Mediation gesetzt.
Coaching mit seiner lösungs- und zielorientierten Begleitung zur Förderung von Selbstreflexion, Erleben und Verhalten, gehört als Alternative-Konflikt-Lösung ins Konfliktmanagementsystem .

Die von den großen Unternehmen ausgehende Dynamik, ihre Erfahrungen und die daraus abgeleiteten Konfliktlösungsmodelle stellen den Beginn eines succsesiven Umdenkens dar.
Die hiervon ausgehenden Signalwirkungen werden über kurz oder lang auch mittelständische und kleine Unternehmen erreichen.

---

[52] JUVE Rechtsmarkt 07/09

Die Unternehmen können mit alternativen Konfliktlösungssystemen Geld sparen. Bernd Maciejewski, Ombudsmann bei SAP geht davon aus, das sein Unternehmen Konflikt Kosten im Millionenbereich einsparen kann.[53]

Alternative Konfliktlösungen kosten natürlich auch Geld, im Normalfall sind sie jedoch viel günstiger als herkömmliche Arten der Konfliktlösung.

---

[53] JUVE Rechtsmarkt 07/09

Abbildungsverzeichnis

Literaturverzeichnis

Altmann, Gerhard; Fiebiger, Heinrich,
Müller, Rolf — Mediation, Konfliktmanagement für moderne Unternehmen, 1. Auflage 1999 Weinheim

Besemer, Christoph — Mediation, Die Kunst der Vermittlung in Konflikten, 1. Auflage 2009 Karlsruhe

Prof. Dr. Berkel, Karl — Konflikttraining, Konflikte verstehen, analysieren, bewältigen. 9. Auflage 2008 Frankfurt am Main

De Shazer, Steve — Wege der erfolgreichen Kurztherapie, 10. Auflage, 2010

de Bono, Edward — Konflikte, 1.Auflage, 1987, Düsseldorf-Wien-New York

Fisher Roger; **Ury** William;
Patton Bruce — Das Harvard-Konzept, 23. Auflage 2009 Frankfurt am Main

Glasl, Friedrich — Konfliktmanagement, 8. Auflage, 2004, Bern-Stuttgart-Wien

Jiranek, Heinz; **Edmüller**, Andreas — Konfliktmanagement, 1. Auflage 2007 Planegg/München

König, Eckard
Volmer, Gerda — Handbuch Systemisches Coaching, 2009, Weinheim und Basel

Mayntz, Renate — Soziologie der Organisationen, 1963, Hamburg

Migge, Björn — Handbuch Coaching und Beratung, 2. Überarbeitete Auflage, 2007, Weinheim und Basel

Migge, Björn — Handbuch Business Coaching 1. Auflage, 2011, Weinheim und Basel

Ogger, Günter — Die Abgestellten, 1. Auflage, 2007, München

Patzelt, Peter-Christian — Mensch, Manager, Was Führungskräfte wissen sollten,1. Auflage, 2005 Düsseldorf

Rauen, Christopher — Coaching, Praxis der Personalpsychologie, 2. Auflage 2008, Göttingen

Rosenberg, Marshall B. — Gewaltfreie Kommunikation, 8. Auflage 2009 , Paderborn

Schreyögg, Astrid — Konfliktcoaching, 2002, Frankfurt a. M.

Schulz von Thun, Friedemann — Miteinander Reden, Band 1, 47. Auflage , 2009 Hamburg

Weber, Max — Wirtschaft und Gesellschaft, 1921, Paderborn

Internet

Studie KPMG 2009 im Internet:
www.kpmg.de/Presse / pdf-download, 25.08.2011
Studie Konfliktmanagement,PwC/EUV, März 2011,
www.pwc.de, pdf-download, 21.03.2011

Weiterer Literaturnachweis

Weil, Thomas — Free the Limbic by ROMPC - Business-Consultant-Workshop, Kassel, 2011

Printed by Books on Demand GmbH, Norderstedt / Germany